◇ ∘ ◇ ∘ ◇ ∘ ◇ ∘ ◇ ∘ ◇

◇ ∘ ◇ ∘ ◇ ∘ ◇ ◇ ∘ ◇ ∘ ◇

◇ ∘ ◇ ∘ ◇ ∘ ◇ ∘ ◇ ∘ ◇

◇ ° ◇ ° ◇ ° ◇ ° ◇ ° ◇

◇ ∘ ◇ ∘ ◇ ∘ ◇ ∘ ◇ ∘ ◇

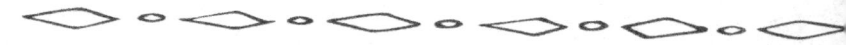

◇ ∘ ◇ ∘ ◇ ∘ ◇ ∘ ◇ ∘ ◇

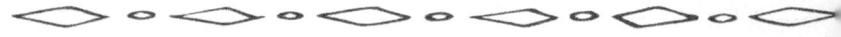

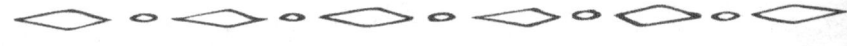

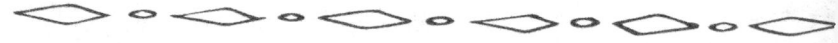

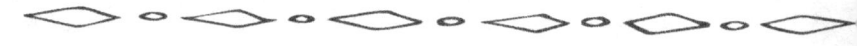

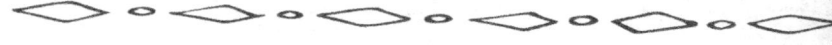

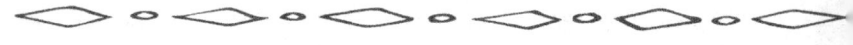